Bibliografische Information der Deutschen Nationalbibliothek:

Die Deutsche Bibliothek verzeichnet diese Publikation in der Deutschen National-
bibliografie; detaillierte bibliografische Daten sind im Internet über http://dnb.d-
nb.de/ abrufbar.

Impressum:

Copyright © 2018 GRIN Verlag
Druck und Bindung: Books on Demand GmbH, Norderstedt Germany
ISBN: 9783668758742

Dieses Buch bei GRIN:

https://www.grin.com/document/434627

Tricy Unger

Innovative Organisationstheorien. Netzwerkansatz

GRIN Verlag

GRIN - Your knowledge has value

Der GRIN Verlag publiziert seit 1998 wissenschaftliche Arbeiten von Studenten, Hochschullehrern und anderen Akademikern als eBook und gedrucktes Buch. Die Verlagswebsite www.grin.com ist die ideale Plattform zur Veröffentlichung von Hausarbeiten, Abschlussarbeiten, wissenschaftlichen Aufsätzen, Dissertationen und Fachbüchern.

Besuchen Sie uns im Internet:

http://www.grin.com/

http://www.facebook.com/grincom

http://www.twitter.com/grin_com

Innovative Organisationstheorien

- Netzwerkansatz

Name:	Patricia Unger
Abgabedatum:	25. Juli 2018

Inhaltsverzeichnis

1. Einleitung

Im Rahmen der Vorstellung des Zukunftsprogrammes TOGHETHER – Strategie 2025 der Volkswagen AG sagte Thomas Sedran, ehemaliger Leiter Konzernstrategie: „Wir müssen die Effizienz deutlich steigern – über die gesamte Wertschöpfungskette und alle Marken hinweg." (Volkswagen AG, 2018, Strategie-Bausteine) Daran wird deutlich, dass heutzutage nicht nur die Wissenschaft, sondern auch Unternehmen von einem organisationalen Wandel in Richtung von Wertschöpfungsnetzwerken betroffen sind. In Hinblick auf die Inhalte der Strategie 2025 wird außerdem klar, dass sich die Volkswagen AG noch stärker zu einem transnationalen Unternehmen entwickeln möchte. Aber was bedeutet das überhaupt? In diesem Assignment soll die transnationale Strategie basierend auf der Darstellung des Netzwerkansatzes präsentiert werden.

Das Primärziel dieses Assignments ist die Beantwortung der Forschungsfrage: „*Welche Strukturen weisen netzwerkorientierte Organisationen gemäß der Transnational Solution von Bartlett und Ghoshal auf?*" Ein Teilziel dessen ist das Verständnis der Ursachen für die Veränderung hin zu einer heterarchischen Unternehmenssteuerung. Des Weiteren soll die Begrifflichkeit des Netzwerkansatzes mit seinen Ausprägungen erklärt werden. Darauf basierend ist das letzte Unterziel die Darstellung der vier Strategietypen von Bartlett und Ghoshal.

Bei der Erarbeitung handelt es sich um eine literaturbasierte Analyse. Das Assignment wird in drei wesentliche Teile untergliedert, welche aufeinander aufbauen. Zu Beginn wird kurz die Ausgangssituation erläutert, indem die klassischen Organisationstheorien vorgestellt werden. Danach findet eine Darstellung der Veränderungen in der Gesellschaft, Wirtschaft und Politik, welche teilweise die Ursache des Koordinationskonzeptes der Heterarchie sind, statt. Den zweiten Teil stellt der Netzwerkansatz an sich dar. Zum einen erfolgt hierbei die Definition des Netzwerkbegriffes und der Netzwerktheorie. Zum anderen werden Ausprägungen wie Differenzierungsmerkmale, Arten, Beziehungskonstellationen und die Strukturmerkmale eines Netzwerkes erörtert. Darauf aufbauend beschäftigt sich der dritte Teil mit der Transnational Solution von Bartlett und Ghoshal, wobei die verschiedenen Strategietypen und die dazugehörigen Wirkungszusammenhänge dargestellt werden. Der Fokus liegt in diesem Bereich auf der transnationalen Strategie, da diese auf dem Netzwerkansatz basiert. Den Abschluss bildet sowohl eine kritische Würdigung der Arbeit als auch ein Fazit, in dem die Forschungsfrage zusammenfassend beantwortet und die erzielten Ergebnisse resümiert werden.

2. Ausgangssituation

In diesem Kapitel soll eine Basis für den weiteren Forschungsverlauf geschaffen werden. Zuerst werden die klassischen Ansätze der Organisationstheorie skizziert. Danach findet eine Darstellung der Veränderungen im organisationalen Umfeld statt. Abschließend wird das Koordinationskonzept der Heterarchie als Übergang zu Netzwerkorganisationen vorgestellt.

2.1 klassische Organisationstheorien

Die Anfänge der Organisationstheorie lassen sich in die Zeit der Industrialisierung einordnen. In dieser Periode wurden Organisationen nach einer stark hierarchischen Struktur aufgebaut. Einer der grundlegenden Ansätze stammt von Max Weber. Er beschäftigte sich mit dem Idealtyp der Bürokratie, welcher den Umgang von Mitgliedern eines Unternehmens mit organisatorischen Regelungen in den Mittelpunkt stellt. Für Weber ist die Bürokratie eine Form der Herrschaft mit dem Ziel der bestmöglichen Erfüllung von Arbeitsaufgaben. Einen weiteren Grundpfeiler stellt das Scientific Management von Fredrick Winslow Taylor dar. Sein Anliegen war es, die Arbeitsweise in der Fertigung mithilfe von technischen und naturwissenschaftlichen Methoden zu verbessern und Verschwendung von Arbeitskraft zu vermeiden. Die Ergebnisse seiner Arbeit bilden die Grundlage der wissenschaftlichen Betriebsführung. (vgl. Bach/ Brehm/ Buchholz/ Petry, 2017, S.35-37) Ebenfalls wird der Faktor Mensch im Human-Relations-Ansatzes von Elton Mayo und Fritz Jules Roethlisberger betrachtet. Allerdings wird dort die Verknüpfung zwischen der Arbeitsmotivation sowie Zufriedenheit und der erbrachten Arbeitsleistung thematisiert. (vgl. Menez, o.A., S.32-35) Die verhaltenswissenschaftliche Entscheidungstheorie von Chester Irving Barnard aus der Mitte des 20. Jahrhunderts ist ebenfalls den klassischen Ansätzen zuzuordnen. Die Organisation wird hier als Ganzes betrachtet. Dabei wird ermittelt, wodurch diese in der Lage ist, in einer dynamischen und immer komplexer werdenden Welt bestehen zu können. Eine besondere Bedeutung erhalten dabei die Entscheidungen der Organisationsmitglieder. (vgl. ebd., S.38-39) Zudem existiert die Kontingenztheorie, welche in den 60-er und 70er Jahren entstand. Darin wird die Anpassung einer Organisation an sich verändernde Umweltbedingungen und die jeweilige Situation in den Fokus gestellt. Allerdings wird hierbei die formale Struktur einer Organisation als Schlüsselelement gesehen, da sie Auswirkungen auf die Beziehungen der Organisationsmitglieder und folglich auf die Effizienz hat. (vgl. ebd., S.50-52)

2.2 Veränderungen in Gesellschaft / Wirtschaft / Politik

Unsere Gesellschaft und damit verbunden die Organisationstheorie befindet sich in einem Wandel. Bereits seit den 80er Jahren wird die Transformation zu einer Wissens- und Netzwerkgesellschaft beobachtet. Indikatoren sind beispielsweise die Zentralität von Wissen oder die Bildung einer Dienstleistungsgesellschaft. Neben Arbeit und Eigentum ist Wissen ein essentieller Produktionsfaktor. (vgl. Menez, ORG604, o.A., S.23) Dieser Wandel hat vielfältige Ursachen. Einen wesentlichen Beitrag leistet dazu die rasant voranschreitende Evolution der Informations- und Kommunikationstechnik.

Die Abschottung von Wirtschaftsräumen sinkt, wodurch die Komplexität für Unternehmen folglich zunimmt. Dieses Phänomen wird durch staatliche Deregulierungen oder die Reduzierung der Geltungskraft von Normen und Institutionen verstärkt. Mithilfe der entstehenden Dynamik in der Marktwirtschaft bilden sich immer mehr Ökosysteme und eine globale kulturelle Homogenisierung wird gefördert. (vgl. Prodoehl, 2014, S.8) Aufgrund dieser Gegebenheiten muss die klassische Organisationstheorie modifiziert werden, indem entwicklungsorientierte Aspekte Berücksichtigung finden. (vgl. Heußler, 2011, S.83)

2.3 Koordinationskonzept der Heterarchie

Basierend auf den vorab genannten Veränderungen ist ebenfalls eine Modifikation der Prozesse innerhalb von Unternehmen notwendig. In diesem Zusammenhang stellt sich die Frage, ob ein hierarchischer Unternehmensaufbau noch zeitgemäß ist, um die steigende Komplexität zu meistern. Besonders unter Berücksichtigung, dass die Interaktion vermehrt in vernetzten System stattfindet und über die Unternehmensgrenzen hinaus geht. (vgl. Buchholz/Knorre, 2017, S.18) Eine mögliche Form der Steuerung stellt das Koordinationskonzept der Heterarchie dar. Bei diesem Ansatz erfolgt eine polyzentrische Organisation der Heterarchie. Die Entscheidungsträger innerhalb des Systems sind gleichberechtigt. Die einzelnen Elemente sind miteinander verknüpft und Entscheidungen werden dezentral und meist nach dem Bottom-Up Prinzip getroffen. Die Voraussetzung ist, dass innerhalb der Einheiten in solch einem Wertschöpfungsnetzwerk ein hoher Freiraum in Bezug auf Entscheidungen existiert und die Selbststeuerung der Organisationsmitglieder im Vordergrund steht. (vgl. Kolesnewa, 2009, S.35-36) Es ist erkennbar, dass nicht nur die Organisationssoziologie, sondern auch Unternehmen von einem Wandel betroffen sind. Ein Beispiel dafür ist die Verschiebung der Netzwerkthematik von der interpersonellen Ebene hin zu interorganisatorischen Netzwerken, welche mit einer konkreten Zielsetzung bewusst geschaffen werden. (vgl. Schubert, 2018, S.70)

3. Netzwerkansatz

Der Netzwerkansatz kann zur Erklärung von strategischen Netzwerkpartnerschaften zwischen Unternehmen herangezogen werden, wobei die Beziehungen und die daraus entstehenden Systeme zwischen den einzelnen Elementen bedeutsam sind. Das Netzwerk als Ganzes steht folglich im Mittelpunkt. Dieser Ansatz wird als Weiterentwicklung der Systemtheorie verstanden und kann der Organisationssoziologie zugeordnet werden. Dabei liegt der „Schwerpunkt auf der Ausgestaltung der Interdependenzen und Interaktionen und der diesbezüglich aktiven Rolle der System- und Netzwerkelemente." (Köhne, 2005, S.86) Die Wurzeln des Netzwerkansatzes liegen in der Sozialen Austauschtheorie und dem Ressourcen-Dependence-Ansatz. Die Austauschtheorie beinhaltet die Annahme, dass Organisationen nur dann in eine Tauschbeziehung miteinander treten, wenn der erwartete Nutzen größer ist als die eigentlichen Kosten. Dabei werden nicht nur Ressourcen getauscht, sondern auch beispielsweise Informationen. Der Ressourcen-Dependence-Ansatz hingegen vertritt das Prinzip der Knappheit von Ressourcen. Das bedeutet, dass Organisationen den Tausch zur Kompensation ihres eigenen Mangels eingehen. Basierend auf dieser Interaktion entstehen interorganisationale Abhängigkeiten. Das Ziel der einzelnen Organisationen ist es, ihre Macht und somit den Einfluss innerhalb dieses Beziehungsgeflechtes auszuweiten. (vgl. Obersojer, 2008, S.26) Allerdings ist der Netzwerkansatz nicht für alle Unternehmenstypen von Bedeutung. Er wird häufig von transnationalen Organisationen, welche über Landesgrenzen hinweg agieren, verwendet. Sie weisen meist eine hybride Struktur auf. Das bedeutet, dass es eine Vermischung aus hierarchischen und heterarchischen Elementen gibt. Ihre Entscheidungszentren sind nicht nur an einem Ort situiert, sondern weit verstreut und in viele Einheiten geteilt. Ferner agieren sie oft in Unternehmensverbänden, wodurch sie in Interaktions- und Interdependenzbeziehungen mit anderen Netzwerkpartnern stehen. Die Steuerung des Unternehmens basiert sehr stark auf unternehmenskulturellen Mechanismen. (vgl. Macharzina, 2009, S.7)

3.1 Definition von Netzwerken und der Netzwerktheorie

Damit eine Erklärung der Netzwerktheorie möglich ist, muss vorab der Netzwerkbegriff definiert werden. Gemäß dem Gabler Wirtschaftslexikon ist ein Netzwerk ein „System von, miteinander in über reine marktbezogene Beziehungen hinausgehend, verbundenen Akteuren als Zwischenform von Markt und Hierarchie." (Gabler Wirtschaftslexikon, 2018, Punkt 2) Die Definition nach Castell ist noch präziser. Seiner Ansicht nach, bestehen Netzwerke „aus Knoten und flexiblen Verbindungen. Sie haben keinen Mittelpunkt und sind dezentral organisiert. Netzwerke funktionieren mithilfe einer binären Logik von Einschluss und Ausschluss, d. h. man ist entweder Teil vom Netzwerk oder davon ausgeschlossen. Netzwerke werden programmiert und arbeiten auf die Ziele hin, für die sie programmiert wurden." (Menez, o.A., S.24) Bereits diese beiden Beispiele zeigen, dass innerhalb der Betriebswirtschaft keine Einigkeit herrscht und unter dem Netzwerkbegriff eine Vielzahl an Phänomen untergebracht wird. (vgl. Tiberius, 2008, S.11-13)

In Verbindung mit dem Netzwerkbegriff lassen sich drei verschiedene Perspektiven betrachten. Die erste Säule bilden die Phänomene, welche Netzwerke in intra- und interorganisatorisch unterteilen. Die verschiedenen Arten werden in Kapitel 3.2.2 der Arbeit betrachtet. Die zweite Säule stellen die Methoden, z.B. anhand von netzwerkanalytischen Maßen wie der Zentralität oder Multiplexität, dar. Den dritten Bereich bilden die Netzwerktheorien, welche sich nach der Entstehung oder der Wirkung unterteilen lassen. (vgl. Wald, 2010, S.494) In Summe soll die Netzwerktheorie für die Erläuterung von strukturellen Veränderungen genutzt werden. Obwohl sie als selbstständige Theorie akzeptiert ist, wird ihr Nutzen durch die Kombination mit anderen Forschungsansätzen deutlich erhöht. Dadurch ergeben sich drei verschiedene Denktraditionen. Die soziale Perspektive beinhaltet besonders die Erläuterung und Untersuchung des organisationalen Wandels. Dabei ist die Feldtheorie zu nennen. Der politikwissenschaftliche Ansatz hingegen stellt das kollektive Handeln und seine komplexen Strukturen u.a. mit Hilfe des Governance-Ansatzes in den Fokus. Den dritten Bereich bilden wirtschaftswissenschaftliche Ansätze, wobei die Veränderungsprozesse in Hinblick auf organisatorische Abläufe von Bedeutung sind. Im Zentrum steht dabei das Change- und Innovationsmanagement. (vgl. Peper, 2016,S.59/70/98)

3.2 Grundbegriffe des Netzwerkansatzes
Dieses Kapitel dient der Detaillierung des Netzwerkbegriffes, wobei die Differenzierungsmerkmale und Netzwerkarten vorgestellt sowie die diversen Beziehungskonstellationen und Strukturmerkmale dargestellt werden.

3.2.1 Differenzierungsmerkmale
Innerhalb des Netzwerkansatzes existieren bei Netzwerken drei verschiedene Analyseebenen, welche speziell bei der interaktionsorientierten Forschung von Håkansson Berücksichtigung finden. Die erste Ebene stellen die Akteure dar. Damit können einerseits ganze Unternehmen gemeint sein. Andererseits ist es jedoch auch möglich, dass einzelne Mitarbeiter, Gruppen von Individuen oder Unternehmensteile als solche auftreten. Überdies hinaus können Akteure auch durch den

Zusammenschluss von verschiedenen Unternehmen entstehen. Die zweite Ebene bilden die Ressourcen, welche in Form von Sachanlagen oder Kapital auftreten können. Allerdings kann auch Wissen oder soziales Kapital als solche fungieren. Zudem existiert die Ebene der Aktivitäten, welche alle Interaktionen umfasst. Nennenswert sind hierbei die transformationalen Aktivitäten, welche als intraorganisationale Wertschöpfung klassifiziert werden. (vgl. Tiberius, 2008, S.100). Zusammenfassend werden Aktivitäten „von Akteuren erbracht. Es werden Ressourcen kombiniert, entwickelt, ausgetauscht oder geschaffen, indem andere Ressourcen genutzt werden." (Calaminus, 1994, S.110)

3.2.2 Netzwerkmodelle bzw. -arten

Die, im definitorischen Teil, erkennbare Pluralität in der Netzwerkthematik setzt sich bei den verschiedenen Arten fort. Einerseits ist eine Differenzierung auf Basis der Anzahl möglich, wodurch eine Unterteilung in Gesamtnetzwerke und das Ego-Netzwerk möglich ist. (vgl. Rürup et. al, 2015, S.23) Der Wirtschaftswissenschaftler Prof. Dr. Jörg Sydow hingegen klassifiziert Netzwerke auf Basis ihrer Steuerungsart in hierarchische oder heterarchische bzw. mit dem Fokus auf die Stabilität der Beziehung in dynamische oder stabile Netzwerke. (vgl. Schonert, 2008, S.98) Ferner basiert die wohl bekannteste Trennung auf der Abgrenzung von Netzwerken. Intraorganisationale Netzwerke wie z.b. Projektteams existierten innerhalb der Organisation. Die Interorganisationalen Netzwerke wie z.b. Wertschöpfungsnetzwerke entstehen jedoch zwischen verschiedenen Organisationen. (vgl. Wald, 2010, S.494)

3.2.3 Beziehungskonstellationen innerhalb von Netzwerken

Zwischen den Akteuren entwickeln sich in einem Netzwerk Beziehungen, welche Verbindungsstücke darstellen. Sie weisen fünf charakteristische Eigenschaften auf: „ihre langfristige Dauer, Anpassungen zwischen den Prozessen der Partner, Übereinstimmungen von Technologien, zahlreiche beteiligte Personen und soziale Zufriedenheit zwischen den Akteuren." (Tiberius, 2008, S.100). Beziehungen können sich auf verschiedenen Ebenen bilden, welche auf der Intensität der Bekanntheit zueinander und der Verbundenen beruhen. Es wird zwischen individuellen (z.B. Verwandtschaft), interaktiven (z.B. gemeinsame Aktivitäten), affektiven (z.B. vertrauen) oder Freundschafts- und Arbeitsbeziehungen unterschieden. (vgl. Rürup et. al, 2015, S.19-20) Im organisationalen Umfeld erfolgt eine Differenzierung in informationsbasierte Kommunikationsbeziehungen, güter- und dienstleistungsumfassende Austauschbeziehungen sowie wechselseitige Macht- und Einflussbeziehungen. (vgl. Schonert, 2008, S.77-78) Innerhalb des Netzwerkansatzes ist markant, dass die Stabilität der Netzwerke durch Vertrauen und nicht wie üblich durch vertragliche Regelungen entwickelt wird. Des Weiteren basieren die Netzwerkprinzipien entgegen der ökonomischen Sicht grundsätzlich auf sozialen Prinzipien. (vgl. Sparsam, 2015, S.123) Nichtsdestotrotz stellen Beziehungen für Akteure eine Art von Investition, mit dem Ziel an den Ressourcen der Partner teilhaben zu können, dar. Die Beziehungen bilden somit das Ergebnis von vielen Transaktionen. (vgl. Calaminus, 1994, S.117)

3.2.4 Strukturmerkmale und strukturelle Positionen

Im bisherigen Text wurden sowohl die Akteure als auch die Beziehungen innerhalb eines Netzwerkes vorgestellt. Die Kombination dieser beiden Aspekte wirkt sich in der Struktur des Netzwerkes aus und bestimmt somit die Positionierung. Gemäß dem Netzwerkansatz besteht das Ziel der Akteure ihre Handlungsmöglichkeiten zu steigern und effizient auf Ressourcen zugreifen zu können. Die Position ist dabei von verschiedenen Aspekten abhängig. Ausschlaggebend ist dabei die Funktion des Akteures innerhalb des Systems und seine relative Bedeutung. Außerdem ist die Positionierung abhängig von der Stärke seiner Beziehungen zu anderen Netzwerkteilnehmern. Zusätzlich spielt auch die Identität des Akteurs eine Rolle. (vgl. Urbaniec, 2008, S.89) Daraus resultierend ist ein Akteur entweder zentral positioniert oder eher nur in eine Brückenposition. Die Positionierung und Struktur passt sich dabei stetig an die Rahmenbedingungen, welche durch neue Akteure oder geänderte Beziehungsintensitäten modifiziert werden, an. Die Struktur wird von zwei Merkmalen charakterisiert. Die Größe ist abhängig von der Anzahl der Akteure, welche in einem Netzwerk verbunden sind. Die Dichte hingegen wird durch das Ausmaß an Verbundenheit zwischen den Akteuren bestimmt. (vgl. Menez– ORG604, o.A., S.27)

4. Konzept der Transnational Solution von Bartlett/Goshal

Damit ein Unternehmen über die Landesgrenzen hinweg erfolgreich sein kann, bedarf es einer globalen Gesamtstrategie. Diese beinhaltet u.a. die Produktwahl, bei der zu entscheiden ist, ob standardisierte Produkte im Mittelpunkt stehen oder eher lokale Anpassungen. Zum anderen spielen geografische Faktoren eine Rolle. Wo soll investiert werden und welche Märkte werden bedient? Auch der Zugang zu Ressourcen ist gleichfalls zu beachten. Des Weiteren sind die Kunden und die Wettbewerber zu berücksichtigen. (vgl. Yip, 1996, S.19-21) Mit dem daraus resultierenden Spagat von Unternehmensstrukturen zwischen den lokalen Anforderungen in den einzelnen Ländern und andererseits der globalen Wettbewerbsfähigkeit haben sich bereits in den 80er Jahren

Christopher Bartlett und Sumatra Ghoshal beschäftigt. Ihre Ergebnisse veröffentlichten sie 1998 in ihrem Werk „Managing Across Borders". In ihrer Studie analysierten sie neun Unternehmen aus jeweils drei Branchen in Amerika, Europa und Japan. (vgl. Bartlett/Ghoshal, 2002, S.16) Das Fazit dessen ist, dass Unternehmen unterschiedliche Strategien implementieren, um diese beiden Hürde zu meistern. Dabei unterscheiden die Autoren zwischen der globalen, der multinationalen und der internationalen Strategie. Überdies entwickelten sie die transnationale Strategie. Sie stellt eine Kombination der genannten dar, basiert auf dem Netzwerkansatz und wird als einzige sinnvolle Lösung von ihnen angesehen. (vgl. Mense-Petermann, 2012, S.47) In diesem Kapitel werden diese vier Strategie-Struktur-Zusammenhänge vorgestellt und anhand der Kriterien Schwerpunkt, Bedeutung der Zentrale, Ausübung von Kontrolle und globale Mentalität unterschieden. (vgl. Meckl, 2010, S.145)

4.1 Das globale, multinationale und internationale Modell

Die drei verschiedenen Modelle unterscheiden sich bereits in ihrem wesentlichen Schwerpunkt. Im Rahmen der globalen Strategie liegt der Fokus auf der Effizienz. Die internationale Strategie hat ihren Kern im Wissens- und Kompetenztransfer. Die multinationale Strategie hingegen orientiert sich stark an der Reaktionsfähigkeit. (vgl. Bartlett/ Ghoshal, 2002, S.18/23-28) Die Frage, welche sich stellt, ist, wodurch dies erreicht werden kann.

Bei der *globalen* Strategie werden alle wichtigen Aktivitäten, Verantwortlichkeiten und Ressourcen in der Zentrale gebündelt. Außerdem erfolgt von hier aus die Gestaltung einer einheitlichen Strategie für den Weltmarkt und die Definition aller wesentlichen Entscheidungen. Die Tochtergesellschaften unterliegen dabei einer strikten Kontrolle in Form von Reportingvorgaben oder durch direkte Abgesandte in Führungspositionen aus der Zentrale. Sie dienen als Vertriebskanäle von global standardisierten Produkten in ausländischen Märkten und sollen dabei den Einflussbereich der Muttergesellschaft vergrößern. Freiheiten im Bereich der Produkt- oder sogar Strategieanpassung sind gering bis gar nicht vorhanden. Aufgrund dieser Merkmale können hohe Skaleneffekte erreicht und Kosten reduziert werden. (vgl. Meckl, 2010, S.144-145)

Im Gegensatz dazu ist die *multinationale* Strategie anzuführen, bei der die Zentrale eher als Dach fungiert. Die Kontrolle basiert nur schwach in Form von Finanzprüfungen oder informellen Beziehungen. Die ausländischen Tochtergesellschaften haben einen hohen Grad an Autonomie und können weitestgehend eigenständig über die Ressourcen und Strategien entscheiden. Der Fokus ist hier klar auf die nationale Anpassung gerichtet, welche durch eine intensive Marktbetrachtung und Identifikation von spezifischen Chancen ermöglicht werden kann. Beispielhaft wird dies durch Produktionsniederlassungen mit kompletten Wertschöpfungsketten vor Ort generiert. (vgl. Hammann, 2008, S.46)

Als „eine Reaktion auf ein wirtschaftliches Umfeld, in dem sowohl Lokalisierungs- als auch Globalisierungskräfte " (Hamamann, 2008, S.44) vorkommen, kann die *internationale* Strategie angesehen werden. Die Kernkompetenzen bleiben dabei im Land der Zentrale bestehen, allerdings können diese lokal angepasst werden. Die Überwachung erfolgt über formale Kontroll- und Planungssysteme. Die Tochtergesellschaften sind zwar in Teilen eigenständig, nichtsdestotrotz von den Informationsflüssen der Muttergesellschaft abhängig. Im Fokus dieser Strategie liegt der Innovations- und Wissenstransfer auf Basis der Produktlebenszyklus-Theorie. Das Ziel ist es, neben diesem Transfer ebenfalls Skaleneffekte zur Absicherung oder dem Ausbau der heimatlichen Marktposition zu erzielen. Sie bildet somit eine Mittelposition zwischen der globalen und der multinationalen Strategie. (vgl. Mense-Petermann, 2012, S.47-48)

4.2 Das transnationale Modell

Die vierte von Bartlett und Ghoshal identifizierte Strategie ist die sogenannte *Transnational Solution*. Sie resultiert aus der Erkenntnis, dass die vorab genannten Organisationsmodelle die Herausforderungen der Globalität und gleichzeitigen Lokalität nur begrenzt lösen. Aufgrund dessen kann sie als Kombination der jeweiligen Vorteile von allen dreien gesehen werden. Erkennbar ist dies bereits bei der Betrachtung des Schwerpunktes. Die transnationale Strategie fokussiert sich gleichzeitig den Effizienzansatz der globalen Strategie, das weltweite Lernen der internationalen Strategie und die multinationale Flexibilität. Dadurch sollen sowohl die Anpassung der Aktivitäten an die lokalen Besonderheiten, wie beispielsweise basierend auf den Kundenwünschen, erreicht werden als auch das Erzielen von globalen Standardisierungseffekten. Ein weiteres spezielles Merkmal bei diesem Strategietyp ist der globale Unternehmensaufbau. Es wird nicht nur das Verhältnis der Tochtergesellschaft zum Mutterkonzern betrachtet, sondern auch die Verbindungen zu den Schwesterunternehmen rücken in den Mittelpunkt. (vgl. Hammann, 2008, S.44-46) Das Ergebnis dessen kann als selbstorganisiertes Netzwerk bezeichnet werden, bei dem besonders die Kommunikation und die Beziehungen zwischen den einzelnen Akteuren bedeutend ist. Die Voraussetzung dafür ist jedoch ein entsprechender Aufbau der Unternehmensstruktur. Die Zentrale ist zwar innerhalb der Transnational Solution existent, allerdings besitzt sie nur noch geringfügig spezifische Aufgaben. Beispielsweise erfolgt die Abstimmung nicht nur bilateral zwischen Tochter und

Mutter, sondern multilateral zu allen Seiten innerhalb des Netzwerkes. Die Wertschöpfungsstufen, welche nicht direkt in Verbindung mit dem Kunden stehen, werden anhand ihrer Aktivitäten und Ressourcen optimal innerhalb des Netzes zentralisiert. Es werden sogenannte Kompetenzzentren gebildet. Als Resultat dessen hat das Schnittstellenmanagement innerhalb der transnationalen Strategie eine besonders hohe Wichtigkeit, da aufgrund der verschiedenen global verstreuten Knoten die Komplexität steigt. Das Ziel dieses Abstimmungsprozesses ist es, dass die Entscheidungen der einzelnen organisatorischen Einheiten koordiniert, aufeinander abgestimmt und überwacht werden. (vgl. Meckl, 2010, S.144) Ein wichtiger Baustein ist dafür eine starke Unternehmenskultur und eine gemeinsame Vision innerhalb des gesamten Unternehmens, welche von allen Organisationsmitgliedern verstanden und gelebt wird. (vgl. Bartlett/ Ghoshal, 2002, S.93) „Zusammenfassend kann man den Typus des transnationalen Unternehmens also als integriertes Netzwerk funktional spezialisierter Einheiten ohne einheitliches hierarchisches oder geographisches Zentrum beschreiben [… und] daher als Heterarchien [bezeichnen]." (Mense-Petermann, 2012, S.49)

Als Beispiel für die transnationale Strategie kann die Volkswagen AG besonders unter Berücksichtigung ihrer strategischen Ausrichtung 2025 genannt werden. Auf der Webseite des Unternehmens wird die Basis dafür klar formuliert: „Der Volkswagen Konzern wird getragen von der Verbundenheit seiner Marken, von funktionierenden Netzwerken seiner Experten und von guten Beziehungen zwischen den Menschen. Der Erfolg unseres Konzerns entsteht aus dem Vorteil, den jede Marke aus dieser Gemeinschaft zieht." (Volkswagen AG, 2018, Zusammenarbeit) Die regionale Marktnähe soll beispielsweise durch lokale Netzwerke und Zusammenarbeit in den einzelnen Ländern entstehen, wodurch inländische Kundenwünsche noch besser implementiert werden können. Des Weiteren setzt der Volkswagen Konzern auf die Bildung von Kompetenzzentren, wie exemplarisch in der Batteriefertigung, um einerseits Wissen gemeinschaftlich zu generieren und andererseits eine Effizienz zu erreichen. Eine Vernetzung über die verschiedenen Geschäftsbereiche hinweg wird zudem durch die Installation einer einheitlichen Plattform ermöglicht, wodurch Innovationen aktiv gefördert werden sollen. Das Ziel ist es einerseits agil reagieren zu können und somit wettbewerbsfähig zu bleiben. Andererseits soll dadurch eine zusammenhaltende Unternehmenskultur entstehen. (vgl. Volkswagen AG, 2018, Konzerninitiativen)

5. Kritische Würdigung

Den Ausgangspunkt des Assignments bildet der Netzwerkansatz. Obwohl im Rahmen des dritten Kapitels ein Überblick hinsichtlich des Netzwerkbegriffes, der Netzwerktheorie und der verschiedenen Gestaltungsmöglichkeiten gegeben wurde, ist eine Erweiterung möglich. Beispielsweise können Netzwerke gemäß dem Gabler Wirtschaftslexikon zudem in soziale, neuronale oder strategische Netzwerke untergliedert werden. (vgl. Gabler Wirtschaftslexikon – Suche, 2018) Im Rahmen dieser Arbeit wurde dieser Schritt jedoch übersprungen und der Fokus von Beginn an auf strategische Netzwerke gelegt. Allerdings kann gemäß Sydow bis heute keine übereinstimmende Definition und Aufführung fester Charakteristika eines Netzwerkes geäußert werden. Es gäbe eine Vielzahl an Typen und Kriterien wie beispielsweise die genannten Steuerungsformen oder Netzwerkbeziehungen. (vgl. Schonert, 2008, S.97-98) Kritisch ist ebenfalls die Definition der Netzwerktheorie zu betrachten. Im Laufe der Forschung ist eine Vielzahl an Formulierungen entstanden. Hingegen ist bis heute kein einheitliches theoretisches Gerüst verfügbar, wodurch eine Vielzahl an Methoden und Bezeichnungen unter diesem Term zusammengefasst werden. Abhängig ist dies immer vom gewählten Bezugspunkt. (vgl. Sparsam, 2015, S.111-112) Diese Uneinigkeit ist ebenfalls in Hinsicht auf den Netzwerkansatz erkennbar, da es eine Vielzahl von Prämissen als Ursprung gibt, welche jedoch nicht in einen einheitlichen Erklärungszusammenhang gebracht werden können. Als besonders kritisch wird dabei die Atmosphäre in einem Netzwerk gesehen, welche durch die unterschiedlichen Netzwerkpositionen und daraus resultierenden Macht- und Abhängigkeitsverhältnisse entsteht. Diese ist allerdings kaum messbar. (vgl. Urbaniec, 2008, S.94)

Zur Veranschaulichung der Wirkungszusammenhänge in strategischen Netzwerken von global agierenden Unternehmen wurde in dieser Arbeit das Modell von Bartlett und Ghoshal aufgeführt. Zwar lassen sich mit ihrer Hilfe vier verschiedene Strategietypen identifizieren, allerdings ist eine klare Abgrenzung dieser voneinander schwierig. Dies hat seinen Ursprung in den teilweise ungenauen Merkmalen. Außerdem ist es bedenklich, Unternehmen 1:1 in eine der vier Kategorien einzuordnen, da die Grenzen recht schwammig sind. Des Weiteren sind die Autoren der Auffassung, dass ihre Lösung als bester Weg anzusehen ist. Allerdings setzt dies eine parallele Entwicklung von Markt, Unternehmen und Gesellschaft in Richtung des Netzwerkansatzes voraus. (vgl. Mense-Petermann, 2012, S.50) Ferner beleuchtet die transnationale Strategie nur die positiven Eigenschaften. Allerdings können durch Wertschöpfungsnetzwerke ebenfalls Risiken wie Know-how Verluste oder auch steigende Ressourcenabhängigkeiten entstehen. (vgl. Schonert, 2008, S.106-108)

6. Fazit

In diesem Kapitel sollen die wesentlichen Erkenntnisse der Arbeit zusammengefasst und die For-schungsfrage „*Welche Strukturen weisen netzwerkorientierte Organisationen gemäß der Transna-tional Solution von Bartlett und Ghoshal auf?*" weitestgehend beantwortet werden.

Die klassischen Organisationstheorien bilden die Grundlage. Allerdings wurden sie im Laufe der Zeit aufgrund von Veränderungen wie z.b. durch die Evolution der Informations- und Kommuni-kationstechnik angepasst. Infolgedessen entstanden neue Theorien, wofür exemplarisch der Netz-werkansatz genannt werden kann. Er hat seine Wurzeln in der Sozialen Austauschtheorie und dem Ressourcen-Dependence-Ansatz. Für den Netzwerkbegriff an sich existiert noch keine homogene Definition. Allerdings besteht Einigkeit, dass Netzwerke von Akteuren gebildet werden, welche über Beziehungen miteinander verbunden sind und Aktivitäten ausführen. Daraus entstehen di-verse Arten von Netzwerken und Beziehungskonstellationen. Darauf aufbauend können sich Ak-teure in unterschiedlichen Positionen innerhalb des Netzwerkes befinden, wodurch ihre Macht, Einfluss und der Zugang zu Ressourcen definiert wird. Der Netzwerkansatz ist besonders für Un-ternehmen mit einer transnationalen Strategie von Bedeutung.

Mit den Strategie-Struktur-Zusammenhängen von global agierenden Unternehmen beschäftigt sich ebenso die Transnational Solution, welche in den 80er Jahren von Christopher Bartlett und Sumatra Ghoshal entwickelt und in ihrem Werk „Managing Across Borders" veröffentlicht wurde. Dabei wird die Herausforderung der globalen Standardisierung und gleichzeitigen lokalen Anpas-sung von Unternehmen in den Mittelpunkt gestellt. Die Autoren unterscheiden dabei zwischen vier Strategien. Im Rahmen der globalen Strategie liegt der Fokus auf der Effizienz. Die internati-onale Strategie hat ihren Kern im Wissens- und Kompetenztransfer. Die multinationale Strategie hingegen orientiert sich stark an der Reaktionsfähigkeit. Die transnationale Strategie wird dabei als bestmögliche Kombination der drei Weiteren bezeichnet und vereint diese. Dadurch sollen sowohl die Anpassung an die lokalen Besonderheiten als auch an die globalen Standardisierungs-effekte erreicht werden. Ermöglicht wird dies durch die Implementierung des Netzwerkansatzes und einem entsprechenden Aufbau. Dabei interagieren einerseits Mutter- und Tochtergesellschaft miteinander und andererseits Schwestergesellschaften untereinander. Wertschöpfungsstufen, wel-che nicht direkt in Verbindung mit dem Kunden stehen, werden anhand ihrer Aktivitäten und Res-sourcen optimal innerhalb des Netzes zentralisiert. Als Praxisbeispiel kann hierfür die Volkswagen AG genannt werden.

Literaturverzeichnis

Bach, N./ Brehm, C./ Buchholz, W./ Petry, T. (2017): Organisation – Gestaltung wertschöpfungsorientierter Architekturen, Prozesse und Strukturen, 2. Auflage, Wiesbaden.

Bartlett, C.A./ Ghoshal, S. (2002): Managing across borders – the transnational solution, 2nd edition, Boston.

Buchholz, U./ Knorre, S. (2017): Interne Kommunikation in agilen Unternehmen - Eine Einführung, Wiesbaden.

Calaminus, G. (1994): Netzwerkansätze im Investitionsgütermarketing – Ein explorativer Bezugsrahmen, in: Kleinaltenkamp, M./ Schubert, K. (1994, Hrsg.): Netzwerkansätze im Business-to-Business Marketing – Beschaffung, Absatz und Implementierung Neuer Technologien, Wiesbaden, S.93-124.

Gabler Wirtschaftslexikon (2018), Netzwerk, URL: https://wirtschaftslexikon.gabler.de/definition/netzwerk-37928/version-261357 Abruf am: 24.06.2018

Gabler Wirtschaftslexikon (2018) Suchbegriff Netzwerk, URL: https://wirtschaftslexikon.gabler.de/search/content?keys=netzwerk&sort_by=search_api_relevance&sort_order=DESC, Abruf am: 09.07.2018

Hammann, E.-M. (2008): Dezentrale Leadership -Voraussetzungen, Möglichkeiten und Grenzen von unternehmerischem Führungsverhalten in Tochtergesellschaften diversifizierter Unternehmen, Wiesbaden.

Heußler, T. (2011): Zeitliche Entwicklung von Netzwerkbeziehungen - Theoretische Fundierung und empirische Analyse am Beispiel von Franchise-Netzwerken, Wiesbaden.

Köhne, T. (2005): Marketing in strategischen Unternehmensnetzwerken – Erklärungsmodelle und praktische Anwendung in der Versicherungswirtschaft, St. Gallen.

Kolesnewa, J. (2009): Koordinationsmechanismen im Supply Chain Management, Hamburg.

Macharzina, K. (2009): Frontlinien der Forschung zum Internationalen Management, in: Schmid, S. (2009, Hrsg.): Management der Internationalisierung, Wiesbaden, S.3-24.

Meckl, R. (2010): Internationales Management, 2. Auflage, München.

Menez, R. (o.A.): Klassische Ansätze der Organisationssoziologie – ORG602.

Menez, R. (o.A.): Organisationen in der digitalen Gesellschaft. Von der Industrialisierung zu Industrie 4.0 – ORG604.

Mense-Petermann, U. (2012): Multinationals, Transnationals, Global Players, in: Apelt, M./ Tacke,V. (2012): Handbuch Organisationstypen, Wiesbaden, S. 43-61.

Obersojer, T. (2008): Efficient Consumer Response - Supply Chain Management für die Ernährungswirtschaft, Wiesbaden.

Peper, R. (2016): Netzwerke in kulturpolitischen Veränderungsprozessen – Eine Analyse am Beispiel der Stiftung Historische Museen Hamburg, Wiesbaden.

Prodoehl, H.G. (2014): Synaptisches Management - Strategische Unternehmensführung im 21. Jahrhundert, Wiesbaden.

Rürup, M./ Röbken, H./ Emmerich, M./ Dunkake, I. (2015): Netzwerke im Bildungswesen - Eine Einführung in ihre Analyse und Gestaltung, Wiesbaden.

Schonert, T. (2008): Interorganisationale Wertschöpfungsnetzwerke in der deutschen Automobilindustrie - Die Ausgestaltung von Geschäftsbeziehungen am Beispiel internationaler Standortentscheidungen, Wiesbaden.

Schubert, H. (2018): Netzwerkorientierung in Kommune und Sozialwirtschaft – Eine Einführung, Wiesbaden.

Sparsam, J. (2015): Wirtschaft in der New Economic Sociology - Eine Systematisierung und Kritik, Wiesbaden.

Tiberius, V. (2008): Prozesse und Dynamik des Netzwerkwandels, Wiesbaden.

Urbaniec, M. (2008): Umweltinnovationen durch Kooperationen - Am Beispiel einer freiwilligen Branchenvereinbarung, Wiesbaden.

Volkswagen AG (2018): Togehter – Strategie 2025, URL: https://www.volkswagenag.com/de/group/strategy.html#, Abruf am: 13.07.2018

Wald, A. (2010): Der Netzwerkansatz in der Führungsforschung, in: Stegbauer, C. (2010, Hrsg.): Netzwerkanalysen und Netzwerktheorien - Ein neues Paradigma in den Sozialwissenschaften, 2. Auflage, Wiesbaden, S. 493-527

Yip, G.S. (1996): Die globale Wettbewerbsstrategie - Weltweit erfolgreiche Geschäfte, Wiesbaden.

BEI GRIN MACHT SICH IHR WISSEN BEZAHLT

- Wir veröffentlichen Ihre Hausarbeit, Bachelor- und Masterarbeit

- Ihr eigenes eBook und Buch - weltweit in allen wichtigen Shops

- Verdienen Sie an jedem Verkauf

Jetzt bei www.GRIN.com hochladen und kostenlos publizieren